ALPHONSE PEYRET

ALPHONSE PEYRET

ÉLÈVE AU COLLÈGE SAINT-MICHEL

A SAINT-ÉTIENNE

MORT LE 13 JUIN 1887

A. M. D. G.

SAINT-ÉTIENNE
IMPRIMERIE F. FORESTIER
2, rue de la Bourse, 2

1888

ALPHONSE PEYRET

I

PRÉLUDE

Plusieurs de ses anciens maîtres et amis du Collège Saint-Michel ont demandé avec instances des détails sur la vie et la sainte mort d'Alphonse Peyret, jeune homme plein d'espérances, que Dieu vient de rappeler à lui à la fleur de son âge et dans le bel épanouissement de sa vertu.

Il a paru bon à l'un des Pères qui ont suivi de près Alphonse dans ses dernières années et dans sa maladie, de répondre à toutes ces questions d'une façon simple et succincte. A défaut d'autres mérites, ce récit aura du moins celui de la plus exacte vérité.

Ce qui fut beau dans Alphonse Peyret, et nous donne la consolation de le présenter à la jeunesse comme un modèle, c'est la lutte incessante qu'il soutint sur le champ de bataille de son propre cœur, et les triomphes de sa volonté, aidée de la grâce, sur une nature difficile ; lutte mêlée sans doute d'alternatives de succès et de revers, mais qui se termina par la victoire définitive de l'élément surnaturel sur la nature mauvaise.

On est attaché et édifié en voyant ce jeune et vaillant chrétien, avec les armes ordinaires placées à la portée de tous, triompher en peu de mois d'un caractère où la Providence ne semblait avoir permis des aspérités que pour exercer et glorifier davantage la vertu de ce courageux athlète. Aussi, à peine âgé de dix-huit ans, a-t-il été jugé digne de la couronne.

Marie-Joseph-Alphonse Peyret naquit à Saint-Etienne, le 1er mars 1869, et fut baptisé le 9 du même mois.

Dès qu'il fut assez âgé, ses parents, profondément chrétiens, l'envoyèrent au Collège des PP. Jésuites, où ils comptaient sur l'exemple de son frère aîné pour l'entraîner au bien.

On reconnut vite dans le nouvel élève de riches dons naturels : un jugement droit ; un cœur aimant, bon et loyal ; un sens très délicat de la justice ; une franchise intrépide ; une générosité chevaleresque ; un goût constant pour tout ce qui est noble et grand. Mais à côté de ces précieuses qualités, se révélèrent des tendances faites pour éveiller des inquiétudes et demander une vigilance de tous les instants : une fierté qui ne savait point plier, qui partout imposait ses idées et ses caprices ; la mauvaise humeur dans le travail et l'obéissance ; une indépendance hautaine, rebelle aux observations, et parfois même, irascible et violente.

Heureusement, Alphonse eut le bonheur de faire une excellente première communion ; ce fut le prélude et la garantie de sa victoire future sur lui-même ; mais pour le présent, elle ne fut guère qu'un jour de sagesse sans lendemain. L'enfant comprit pourtant ce jour-là qu'il pouvait vaincre ; il le promit à ses parents et à Dieu, et le résolut en toute sincérité. De fait, quelques efforts suivirent ce beau jour, et Dieu ne l'oublia point.

Malheureusement, un changement de Collège, imposé par les tristes événements de 1880, ne contribua pas peu à dérouter son bon vouloir. Du reste, dès que les circonstances le permirent, il revint vite à Saint-Michel.

Ses relations, choisies alors plus conformément à ses goûts pour la dissipation, qu'aux exigences du travail et de la discipline, furent une cause de défaite pour sa bonne volonté. De là, bien des brèches à ses résolutions ; et jusqu'en Troisième, il fut en pleine crise morale, sans qu'on pût prévoir si l'issue serait funeste ou heureuse. Même l'année d'Humanités, qui devait très bien finir pour lui, ne débuta point sans quelques orages.

Il travaillait peu, rêvait beaucoup, avait des boutades de rébellion. Cependant, à la suite de quelques notes mauvaises dont son amour-propre était profondément froissé, la charité avec laquelle ses maîtres le relevèrent et le consolèrent, finit par le faire réfléchir et lui rendit courage. La raison prit le dessus ; il comprit qu'on ne le punissait que pour son bien ; on l'entendit enfin avouer ses torts et promettre mieux. Or, pour cette nature franche et loyale, promettre, c'était tenir. Il tint parole, en effet, et fit par intervalle de sérieux efforts, surtout dans le sens de la piété.

Bientôt un incident montra combien il avait pris à cœur de plaire à ses parents, et marquer une étape importante dans la voie de ce qu'on pourrait appeler sa conversion.

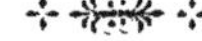

II

CONVERSION

Le R. P. Recteur avait très vivement défendu l'usage des *Traductions*, et venait d'appuyer par une ou deux graves sanctions sa volonté sur ce point. Or, quelques jours après, le surveillant d'Alphonse crut voir entre ses mains un de ces livres prohibés. A la sortie de l'étude, il appelle l'humaniste en faute. L'enfant se reconnaît coupable, et le Père, après lui avoir marqué sa surprise et sa peine, en le renvoyant, lui laisse comme une flèche au cœur la menace de remettre entre les mains du R. P. Recteur la traduction défendue. Une heure après, il recevait la lettre suivante :

« 18 mars 1885.

« Mon Père,

« Je viens vous faire des excuses pour la malheureuse affaire qui m'est encore arrivée aujourd'hui. Je n'avais pas mauvaise intention en me servant de cette *Traduction*, qui n'était du reste pas à moi. Je préparais mon examen pour Pâques. Mais je ne veux pas m'excuser, je suis dans mon tort, je le reconnais parfaitement et je vous demande pardon.

« J'avais bien promis à mon père d'avoir de bonnes notes jusqu'à Pâques, pour réparer les précédentes, et voilà que je me fais encore prendre ma *Traduction !*

« Je vous promets de faire tout mon possible pour être sage, et je vous assure que je saurai tenir parole ; je vous en prie, infligez-moi toutes les punitions que vous voudrez, mais ne me marquez pas une mauvaise note et ne dites pas ma faute au P. Recteur.

« J'ai confiance en votre bonté ; je puis bien être un mauvais élève, mais vous ne pourriez vous figurer combien je suis ennuyé de faire de la peine à mes parents ; et cela tomberait justement pour la fête de mon père, qui est après-demain.

« Je vous demande grâce, non seulement pour moi, mais aussi pour mes parents, auxquels mes mauvaises notes font tant de peine. »

Sans doute l'intérêt n'était pas étranger à cette démarche, car si la grâce était accordée, Alphonse devait aller passer la journée du lendemain dans sa famille pour souhaiter la fête à son père. Toutefois, le voir se servir d'expressions dures à l'orgueil comme celles-ci : « *Je suis dans mon tort* », « *Je demande pardon* », « *Je puis bien être un mauvais élève* », ce fut pour le Père Surveillant une bien douce consolation ; comprenant tout le parti qu'on pourrait tirer de la situation pour le bien de l'élève, il regarda la faute qui provoquait cette explosion si franche d'humbles sentiments et de piété filiale, comme une occasion toute providentielle de l'aider à se vaincre.

Il s'agissait dès lors de faire acheter ce pardon au prix de solennelles promesses, qui lieraient à son devoir jusqu'à la fin de l'année un jeune homme d'honneur comme Alphonse.

Le Père Surveillant le fait donc venir et lui rappelle combien il mérite peu l'indulgence, non seulement pour cette faute, mais pour le reste de sa conduite ; l'enfant, très ému, proteste de sa bonne volonté pour l'avenir ; écoute les principales réformes qu'on exige de lui ; les promet sérieusement ; enfin, engage à fond sa parole d'honneur. « Très bien !

lui dit alors le Père ; mon ami, je crois à la sincérité de vos promesses ; à vous de montrer si vous êtes un homme de cœur ! Pour moi, je vous pardonne ; personne ne saura votre faute ; j'oublie tout votre passé, et je compte sur vous pour être un élève modèle. »

Le Père insiste, en terminant, sur les moyens pratiques nécessaires pour fortifier sa bonne volonté : la communion plus fréquente et bien faite ; la dévotion envers la Très Sainte Vierge ; des efforts énergiques pour entrer dans la Congrégation.

Désormais Alphonse était changé ; la crainte de manquer à sa parole et l'espoir d'être Congréganiste le fixèrent définitivement dans la bonne voie. Aussi, les quatre derniers mois de l'année furent-ils tout différents des six premiers ; ses notes hebdomadaires en font foi ; c'était jusque-là : *bien*, *assez bien ;* il descendait quelquefois même plus bas ; depuis lors, il arrive et se maintient presque constamment au *très bien*. Sur 128 notes données entre le 29 mars et le 30 juillet 1885, il remporta 120 *très bien*.

La récompense tant souhaitée ne se fit pas attendre. Approbaniste de la Sainte Vierge le 10 mai 1885, il devenait Congréganiste formé le 18 juin de la même année.

On voit dès lors ses succès dans les études suivre ses progrès en sagesse. Sa meilleure place en *Diligence* avait été onzième; il arrive dans le troisième trimestre au rang de second. En *Excellence*, de vingtième il devient premier. Au grand jour de la distribution des prix, le jeune humaniste, honoré à peine, l'année précédente, de deux modestes nominations, se voit trois fois couronné, et peut offrir à ses parents, justement fiers, le deuxième prix de Vers latins, le premier prix de Version latine et le premier prix d'Analyse littéraire. C'était pour lui un magnifique triomphe et l'annonce d'une brillante année de Rhétorique.

III

ANNÉE DE RHÉTORIQUE

(1885-86)

RETRAITE — COMMUNION
RAPPORTS AVEC LES MAÎTRES
TRAVAIL — BACCALAURÉAT

L'année scolaire 1885-1886 débuta pour Alphonse par une grâce de choix : la grâce d'une retraite, où il puisa la pensée dominante et la grande force de sa vie, la dévotion à la sainte Eucharistie.

Les saints exercices furent donnés par un Prédicateur à l'éloquence simple et puissante, véritable apôtre de la communion fréquente ; sa parole, pleine de tendresse pour les *Agneaux de Saint-Michel*, et saintement intrépide contre le jansénisme et ses préjugés, captiva ce cœur d'adolescent, facilement épris du bien et du beau [1].

Ravi de reconnaître dans la communion fréquente cette force dont il avait besoin pour triompher des révoltes de sa fière nature, il embrassa avec toute son énergie cette sainte pratique. Quelques objections se présentèrent ; il s'empressa de les sou-

[1] Voici un résumé de deux lettres qu'Alphonse confia au Prédicateur, en le priant de déposer ses résolutions dans le Sanctuaire de Notre-Dame de Lourdes. Ces résolutions donneront une idée des fruits qu'il recueillit de la retraite.

« Marie a toujours été ma mère, et particulièrement depuis que je suis devenu son enfant privilégié en entrant dans sa Congrégation. Elle ne m'a jamais rien refusé. Aussi, quoique je lui aie déjà demandé beaucoup de faveurs, j'ose lui en demander encore un grand nombre. Je la prie donc :

1° De m'obtenir la grâce d'une bonne mort et d'une prompte délivrance du Purgatoire, afin de pouvoir chanter au plus tôt les louanges de ma protectrice.

2° D'accorder à mes parents une vie pleine de prospérités spirituelles et temporelles et suivie d'une heureuse mort.

3° De solliciter pour moi de bonnes notes durant mon séjour au Collège, le succès dans mes examens, mais surtout une vie chaste et pure. la grâce de con-

mettre à l'homme de Dieu, et après avoir vu clairement la solution, il souscrivit de tout cœur à l'engagement de communier tous les dimanches et au moins une fois dans le courant de la semaine.

Les heureux effets de cette généreuse résolution ne tardèrent pas à se faire sentir. Les victoires sur son caractère,

naître ma vocation, et si c'est le bon plaisir de Dieu, la faveur d'être religieux missionnaire et même martyr.

« Comme la Sainte Vierge m'accordera, j'en suis absolument certain, malgré mon indignité, tout ce que je lui demanderai qui ne sera pas nuisible à mon salut, je lui promets à mon tour comme marque de reconnaissance :

1° De faire la communion tous les dimanches, et deux fois dans le courant de la semaine, pendant cette année.

2° D'offrir souvent, au moins une fois par jour, quelque mortification pour obtenir ce que je demande.

3° De réciter tous les jours de ma vie, sans exception, trois *Ave Maria*, un *Memorare,* une invocation à Marie Immaculée et à mon patron, Saint Alphonse de Liguori, d'ajouter le samedi, en l'honneur de ma Mère du Ciel, une prière particulière, et si j'ai le bonheur d'être prêtre, l'offrande du Saint Sacrifice de la Messe. »

de plus en plus nombreuses, finirent par être constantes. Son humilité grandissante l'amenait souvent à s'accuser d'avoir un affreux caractère ; mais extérieurement, il n'y paraissait presque plus rien. « Quand on me fait une observation en public, disait-il à un de ses maîtres, je suis tellement soulevé, que je suis tout étonné de ne pas m'emporter en insolences ; et cependant, je reste muet ; c'est évidemment parce que le bon Dieu me tient. »

Dieu le tint si bien, qu'on ne vit jamais en lui défaillance notable. Durant dix longs mois, il n'eut, pour la conduite et la discipline, soit en classe, soit en division, que trois notes *bien.* Toutes les autres furent des *très bien.*

Il devint l'enfant, on peut dire le plus affectueux pour ses maîtres ; dévoué, respectueux et docile, plein de confiance et d'abandon, à la recherche de toutes les occasions de s'entretenir avec eux. Avec le Père Recteur, avec son professeur de rhétorique, son surveillant, son Père spirituel surtout, il se livrait sans réserve. Point de restrictions, point d'arrière-pensées dans ces épanchements intimes qui lui étaient chers ; et pourtant, plein de droiture, il ne craignait pas quelquefois de présenter de justes observations sans sortir des bornes du respect.

La vie de Collège imposait un sacrifice à son bon cœur : l'éloignement de ses excellents parents ; mais en vacances, alors qu'il jouit des affections de la famille, son bonheur n'est pas complet sans ses maîtres. A force de démarches, il décide le Père Recteur à amener quelques-uns d'entre eux dans l'agréable propriété que ses parents possèdent à Veauche. Ce fut pour lui une vraie fête. Pour rendre cette journée charmante, rien ne lui coûte ; et sa joie est grande, quand ils acceptent ses services de batelier improvisé pour une excursion sur la Loire. Ses marques d'affection sont le bel ornement de la fête.

Cette affection si vive et si délicate n'oublie pas les Pères que les circonstances ont éloignés de Saint-Michel. Il leur écrit et accueille leur réponse d'un air tout heureux. Quelques jours après sa mort, arrivait encore à son adresse la lettre d'un Missionnaire de l'Afrique australe, auquel il avait envoyé ses souhaits de fête.

C'est encore pour faire plaisir à ses maîtres et à ses parents qu'Alphonse préparait énergiquement son baccalauréat. Son application et son ardeur furent surprenantes. Un labeur opiniâtre suppléa chez lui à l'ingratitude de la mémoire, et lui valut constamment les rangs les plus honorables, plusieurs fois même celui de premier en Diligence.

Toutefois, pour réussir, sa piété comptait plus encore sur le secours du Ciel que sur les efforts personnels. Il travaillait de tout cœur ; puis il priait, comme si tout devait dépendre de la faveur d'en Haut. Neuvaines de communions ; vœu d'un pèlerinage à La Louvesc et d'un autre à Notre-Dame de Valfleury ; cierges au Sacré-Cœur, à la Sainte Vierge et à Saint Joseph : tout fut mis en œuvre ; et l'on se rappelle sa joie, lorsqu'il se vit convoqué pour le 30 et le 31 juillet, vigile et fête de Saint Ignace. Tant de bonne volonté fut pleinement récompensée ; l'examen réussit. Alphonse s'en réjouit sans orgueil ; oubliant ses généreux et constants efforts, il ne recevait les félicitations que pour les faire remonter à Dieu, et, sans hésiter, attribuait tout à la protection de ses bien-aimés patrons.

Le repos des vacances lui était bien dû ; il le goûta sans s'y abandonner. On le vit, foulant aux pieds tout respect humain, chaque dimanche, plus souvent encore, à la Table sainte. Des circonstances imprévues obligèrent de différer le pèlerinage promis à Valfleury ; mais celui de La Louvesc fut exécuté en compagnie de deux joyeux condisciples de Saint-Michel. Alphonse en profita pour recommander avec ferveur à Saint François Régis l'année scolaire qui allait s'ouvrir, et dont il voulait faire une année parfaite, puisqu'elle devait être sa dernière année passée au Collège.

IV

PRÉPARATION

A L'ANNÉE DE PHILOSOPHIE

Nous savons maintenant que pour Alphonse l'année de Philosophie fut non seulement la dernière au Collège, mais aussi la dernière sur la terre ; et nous ne pouvons nous empêcher d'admirer la miséricordieuse disposition de la Providence, qui inspira à cet adolescent plein de vie de la passer comme si effectivement elle devait fixer son sort éternel. Nous aurons bientôt à signaler les secrets pressentiments qui annoncèrent sa fin prochaine, et invitèrent notre jeune prédestiné à mettre la dernière main à l'œuvre de sa sanctification.

Peut-être les éprouva-t-il déjà dans les vacances de 1886. Quoi qu'il en soit, la pensée que cette année devait couronner sa formation chrétienne et décider la grave question de sa vocation, le saisit vivement et le fit réfléchir. Docile aux inspirations de sa grande dévotion, l'Eucharistie, il voulut s'y préparer par une neuvaine de communions. La portée d'un tel acte n'échappera pas à ceux qui savent quel mérite il y a à communier en vacances.

A cette première base si solide de son année de Philosophie, Alphonse en ajouta une seconde, celle d'une retraite suivie avec un soin extraordinaire : « Voici, écrit-il, le temps de la retraite ; ce temps est inestimable ; on ne sait pas le fruit qu'on peut retirer d'une retraite bien faite. *Et si la fin de la retraite était aussi celle de ma vie ! Il faut donc la faire comme la dernière, me rappeler qu'on peut être appelé devant Dieu à tout moment*. Je m'appuierai surtout sur la bonne Vierge. »

N'y a-t-il point là un de ces pressentiments que nous annoncions tout à l'heure ? Tout au moins est-ce un trait de la bonté divine d'avoir maintenu durant tout le cours des saints exercices, dans la pensée de cet adolescent, que cette retraite pourrait bien être la dernière. Après le sermon sur l'Enfer, il en note les principales idées avec un langage personnel d'une extrême énergie, avec une foi vive et toutes les marques d'une profonde émotion, et il continue : « O mon Dieu ! prenez ma vie, prenez-la tout de suite si vous le voulez ; faites-moi souffrir les plus terribles tortures, mais ne permettez pas que je tombe en enfer ! O Vierge Marie ! qui m'avez toujours tout accordé, rendez-moi sage et pur. Faites-moi tout spécialement votre serviteur, si cela peut me sauver; car, je le sens, *ailleurs* je me perdrais. Là, du moins, je pourrai peut-être triompher des tentations. » Puis, suivent d'affectueuses invocations à Saint Joseph, puissant protecteur des mourants; à son Ange gardien, à Saint Michel, et enfin, cette prière à tous ses Saints protecteurs : « Inspirez-moi l'amour et la crainte de Dieu ; si cela ne peut suffire, que la crainte de l'enfer soit assez forte pour m'arrêter au moment du danger, et que la mort m'introduise au Paradis !... Encore une fois, je me confie tout entier à Jésus et à Marie, et donnerai volontiers ma vie pour eux, s'il le faut ! »

C'est dans ces colloques émus que se passèrent les heures de la retraite ; en dehors de toutes les préoccupations du travail et de la famille, il voulait être complètement à Dieu et à la prière. Il nous souvient encore de son accent pénétré dans la récitation de l'office de la Sainte Vierge. Pour lecture spirituelle, il avait choisi le *Traité de Rodriguez sur l'humilité.* S'il préluda déjà à l'examen de sa vocation, il ne fit que rassembler quelques observations sommaires, se réservant d'approfondir et de conclure plus tard dans la retraite de fin d'année.

On trouva dans son portefeuille ce petit billet : « Aujourd'hui, 30 octobre 1886, j'ai fait ma confession générale ; je n'ai rien négligé de mon côté pour bien m'accuser. Mon Confesseur m'a absous en me défendant de revenir jamais sur le passé. J'en remercie Notre-Seigneur Jésus et la Bienheureuse Vierge Marie, Saint Joseph, mon Saint Patron et mon bon Ange. »

Pour clôturer dignement ces précieuses journées, pour vaincre entièrement le respect humain, sa piété lui suggéra une démonstration extérieure et publique de reconnaissance envers Marie. Profitant de la facilité que lui donnait sa charge de questeur, il disposa lui-même autour de la statue de la Vierge, en étude, douze beaux vases de fleurs apportés exprès à cet effet de son jardin de Veauche. Le grand nombre des élèves ne remarqua peut-être pas l'auteur discret de la superbe décoration de la statue, en la fête de la Toussaint, mais tous, en l'admirant, furent édifiés et portés à la piété ; du reste, le sourire et l'approbation de Marie suffisaient à celui qui n'avait pas cherché d'autre récompense à cet hommage de son bon cœur.

V

ANNÉE DE PHILOSOPHIE

(1886-1887)

1. — COMMUNION FRÉQUENTE

Alphonse avait surtout pris des résolutions pratiques ; les actes nombreux qui en furent l'effet nous les feront mieux connaître qu'un aride et stérile énoncé. Aux fruits, nous reconnaîtrons la profondeur des racines que l'arbre venait de jeter dans le sol de la retraite.

Pour quiconque observait cet ami fidèle de Jésus-Hostie, il fut bientôt évident que la première de ses résolutions avait été la fréquente communion. Jusque-là, Alphonse, au Collège, était allé au plus deux fois chaque semaine à la sainte Table ; désormais, il y prendra place presque chaque jour. Dans un petit livret où ses communions sont marquées, on en compte 20, 21 et 22 chaque mois. Jamais le respect humain ne le retint. Il y avait un charme particulier à le voir se lever et s'habiller promptement, descendre recueilli du dortoir, prendre son livre de prières, et aller simplement, sans timidité comme sans ostentation, dans la direction de la chapelle. Sans doute la ferveur de ses condisciples ne le laissait jamais seul, mais son exemple contribuait à lui donner des compagnons.

Que de charmantes industries furent par lui mises en œuvre pour porter les autres à recevoir plus souvent le Pain des Anges !

Un prédicateur ayant dit en chaire une parole qui lui parut opposée à la communion fréquente, tout bouleversé, il vint exprimer à un de ses maîtres la crainte que ce mot n'arrêtât les élèves indécis.

Tout lui était prétexte à communion : la fête des principaux saints, ses difficultés dans les études, des motifs de charité. C'est ainsi que pour un de ses plus chers amis qui allait passer ses examens, il fit une neuvaine de communions. D'ailleurs, ses intentions étaient toujours déterminées, et souvent il en faisait part à un de ses condisciples, aussi fervent que lui. Faire connaître autour de lui le trésor dont il jouissait, c'était sa préoccupation constante. Le Pain eucharistique ! n'était-ce pas toute sa force et toute sa joie ? Lui seul pourrait dire les ineffables douceurs qu'il goûtait dans ses actions de grâces !

Dans le courant de la journée, les émotions de sa nature vive et impressionnable, troublait parfois quelque peu cette paix sereine qu'on ne goûte qu'au ciel ; mais à la communion, seul à seul avec le Dieu de toute suavité, il était amplement dédommagé de ses luttes et de ses sacrifices.

II. — DÉVOTION A MARIE

Toujours heureux de s'unir à son Dieu, il l'était surtout de recevoir la sainte Eucharistie en quelque sorte des mains de Marie, aux jours de fête de sa bonne Mère et souvent le samedi. Sa fidélité à cette pratique fut constante, en vacances comme au Collège.

Suivant une pieuse tradition de la Maison de Saint-Michel, les élèves, en entrant en récréation, vont librement réciter un *Ave Maria* devant la statue de la cour de récréation. Alphonse n'y manquait jamais; il faisait cette prière à genoux, d'un air tout pénétré. Bientôt on remarqua qu'il y mettait plus de temps que les autres. La raison en est aujourd'hui connue; qui ne l'admirera ? Un jour, un de ses condisciples et lui avaient fait la convention d'ajouter un *Memorare* à l'*Ave Maria*, afin de vaincre tout respect humain et pour obtenir une grâce particulière. Pendant six mois, ils ne se départirent point de cette courageuse résolution.

Nous eûmes bien d'autres occasions de constater combien le respect humain arrêtait peu son courage.

Sa tenue et l'onction de sa voix, lorsqu'il récitait les prières à la Sainte Vierge, étaient remarquables. Tout ce qui lui rappelait le souvenir de cette bonne Mère le comblait de joie. « La croix à la main, le chapelet et le scapulaire sur la poitrine, puisse la mort me trouver ainsi ! » Son vœu fut réalisé. En attendant, après avoir dit quelque courte prière au pied de son lit, et parfois achevé son chapelet, qu'il récitait en entier chaque jour, il se revêtait chaque soir de ces armes avec lesquelles il souhaitait dormir son dernier sommeil.

— « Si je tâche de m'abonner pour ainsi dire à beaucoup de prières, écrit-il à un ami, c'est que, vois-tu, je suis allé bien loin dans le passé ; je veux me garantir pour l'avenir ; aussi, je prie beaucoup la Sainte Vierge. » — Et dans une lettre à un de ses maîtres, il ajoute : « C'est le P. Recteur et vous, qui, avec la Sainte Vierge, avez opéré ma transformation. »

Toutes ses entreprises étaient recommandées à Marie. Ceux qui l'ont connu n'oublieront pas quel remarquable talent de déclamation il déploya dans les séances dramatiques en usage à Saint-Michel. On ne sait pas aussi bien sans doute où s'adressait le brillant acteur pour trouver cette ardeur et cette distinction, signe caractéristique de son débit. Appelé à jouer un rôle important dans la représentation d'une tragédie dont le sujet l'avait passionné, il écrivait à son ancien Professeur : « Je désirerais tant que cette pièce réussît ! Mais je sens que je ne suis pas à la hauteur. Veuillez donc, mon Père, aller à Fourvières, si vous en avez le loisir, et là, demandez à la Sainte Vierge de nous aider. » L'année précédente, il avait été aussi un des plus empressés à accueillir la proposition du R. P. Recteur, qui renouvellant une vieille tradition du Collège de Fribourg, conseillait aux acteurs de *Canossa* de sanctifier et de préparer la représentation par une fervente communion le matin.

La piété d'Alphonse n'échappait point aux yeux clairvoyants de ses condisciples. Ils lui donnèrent à la fois la plus belle marque de confiance et le plus solennel témoignage qu'ils le croyaient fils dévoué de Marie, en le nommant Préfet de Congrégation. Alphonse en fut surpris, on pourrait dire épouvanté. « Me voilà obligé d'être *joliment* sage », disait-il ;

mais son noble cœur était à la hauteur de toutes les obligations de cette charge, et il se montra digne de la garder deux trimestres, c'est-à-dire jusqu'aux vacances de Pâques, époque de sa maladie et de sa sortie du Collège.

III. — DÉVOUEMENT A LA CAUSE DU PAPE

Nous ne nous étendrons pas à retracer ici tout ce qu'on pourrait dire de la dévotion d'Alphonse au Sacré-Cœur, qu'il consolait par ses communions réparatrices, spécialement par celle du premier vendredi du mois ; à Saint Joseph, auquel il confiait ses examens en faisant brûler des cierges devant ses statues ; à Saint Michel, à son Saint Patron, à son Ange gardien ; son cœur était assez large pour entretenir à la fois, sans être gêné, toutes ces dévotions. Mais il manquerait un trait essentiel à sa physionomie, si nous ne rappelions pas ici son dévouement au Souverain Pontife.

Les derniers jours de 1887 devaient ramener le cinquantième anniversaire de l'ordination sacerdotale de Sa Sainteté Léon XIII, glorieusement régnant. Heureuse circonstance pour faire grandir, surtout dans les jeunes cœurs, un amour dévoué envers le Vicaire de N.-S. Jésus-Christ !

Le 2 février de cette année, la Milice du Pape fut établie au Collège Saint-Michel [1]. A la première proposition qui en fut faite, Alphonse accueillit cette Œu-

[1] Le but de cette Œuvre est nettement marqué dans la supplique adressée par son fondateur, le Père L.-J.-M Cros, au Souverain Pontife, le 9 janvier 1868, par l'entremise du R. P. Ramière, directeur de l'apostolat de la prière.

« La Milice du Pape, dans les maisons d'éducation, y est-il dit, a pour fins principales :

1° D'allumer et d'entretenir dans le cœur des enfants l'amour du Pape, et de former ainsi, pour l'avenir, une génération vraiment catholique dans sa

vre avec entrain et la défendit bravement contre le peu de foi de quelques esprits légers. Sa position de Préfet de Congrégation le désignait comme commandant du premier bataillon. Que de zèle il déploya dans cet office ! Recrutement, relevé des œuvres de chaque soldat, enregistrement des résultats au *Trésor* de la Milice, rapports avec les supérieurs et avec les maîtres pour l'organisation des fêtes et

foi, et prête à tous les dévouements pour le service du Pontife-Roi.

« 2° D'associer aux armées qui défendent avec l'épée les droits du Saint-Siège, une armée de jeunes âmes, luttant chaque jour pour sa sainte cause, par la prière et le sacrifice.

« 3° Enfin, d'assurer à la jeunesse des écoles l'intégrité de la foi, de la piété et des mœurs, en l'amenant à communier plus fréquemment. »

Cette Milice comprend deux corps d'élite, les *Zouaves* et les *Légionnaires*. Tous deux ont leurs obligations respectives, acceptées librement et sur l'honneur.

Sa Sainteté Pie IX, par les Rescrits des 10 décembre 1868 et 11 avril 1870, a daigné autoriser cette Œuvre, la bénir, la combler de privilèges ; puis, approuver les deux *Ordres* de décorations destinés à récompenser les efforts des jeunes soldats de la Milice : l'Ordre de

des promotions aux grades et décorations : toutes ces fonctions, qui lui demandaient de la peine et du temps, le trouvaient toujours dispos, toujours actif, toujours dévoué.

Honoré le premier de la *Croix* de *Chevalier de Saint-Pierre*, il porta fièrement sa décoration, sans être intimidé par le respect humain. Successivement che-

la *Croix de Saint-Pierre* et l'Ordre de la *Tiare*, avec leurs trois grades de *Chevalier*, *Officier* et *Commandeur*.

Le jour de son élévation à l'un de ces grades, le soldat du Pape promet solennellement :

1° De ne jamais faire partie d'aucune Société condamnée par l'Eglise.

2° De défendre toute sa vie les droits temporels et spirituels du Vicaire de Jésus-Christ.

Il reçoit ce jour-là, avec une indulgence plénière, la bénédiction papale.

Pour plus amples détails sur la Milice du Pape, consulter le chapitre XVIIe du *Confesseur de l'Enfance*, du Père L.-M.-J. Cros, S. J., et la *Bénédiction du Pape*, du même auteur. Ces deux ouvrages sont édités à Toulouse, chez Régnault, 28, rue des Balances. Consulter aussi le *Messager du Cœur de Jésus*, *passim*.

valier, officier, commandeur du même Ordre, le vote des chefs de compagnie réunis le nomma enfin porte-étendard de la Milice.

« Me voilà obligé d'être encore plus sage », disait-il à sa mère le soir de cette nomination. Tout le monde fut frappé de son attitude noble et mâle en portant cet étendard, *fac-simile* du glorieux fanion de Patay, et symbole extérieur du dévouement de tout le Collège à la grande cause du Vicaire de Jésus-Christ[1].

L'âme chevaleresque d'Alphonse ne songeait à rien moins qu'à arroser de son sang le drapeau du Pape. « La gloire, oui, je l'aime, la gloire ! écrit-il à un ami dans une lettre intime. Mon ambition, la voici : arriver jeune encore à un haut

[1] Ce riche étendard, œuvre de la mère d'un des Zouaves de la Milice du Pape de Saint-Michel, a eu l'insigne honneur de recevoir, après celle de deux Évêques, la Bénédiction absolument spéciale de Sa Sainteté Léon XIII, le 17 octobre 1887.

grade par un coup d'éclat au service de la France ; et puis après, aller rendre au Pape son pouvoir temporel en combattant pour lui ; mourir sur le champ de bataille, après avoir reçu les Sacrements, et entouré de fidèles amis ! »

Il était donc bien sincère, ce cœur digne des croisés, lorsque, portant son étendard, il chantait :

Heureux, si dans tes chastes plis,
Un jour, noble et sainte bannière,
Tombés dans la lice guerrière,
Nous pouvions être ensevelis !.. .

Et si bientôt cette bannière en deuil flotta sur un catafalque funèbre, n'est-ce point parce que Dieu accepta, pour la grande cause de Léon XIII, cette vie pure qui s'offrait si généreusement ?

Parmi les grands dons faits au Saint-Père à l'occasion de son Jubilé sacerdotal, les moins remarqués peut-être, mais certainement les plus salutaires, ne serontce pas ceux de ces chrétiens héroïques qui auront demandé à Dieu de prendre leur vie pour le salut de l'Eglise ? Au nombre de ces victimes volontaires, nous n'hésitons pas à compter Alphonse Peyret, puisqu'il avait dit à Dieu : « Versez mon sang, je vous le donne pour le Pape. » Les nobles intentions donnent à notre héros quelque chose du martyr.

IV. — LUTTES INTÉRIEURES

Revenons à sa vie intérieure ; nous y trouverons un autre martyre d'une nature différente, puisque, suivant l'*Imitation*, la vie du vrai chrétien, comme celle de Jésus-Christ, est une croix constante et un martyre perpétuel : *Vita, crux et martyrium*.

La croix d'Alphonse, nous l'avons vu, était son humeur indomptée ; jusqu'à la dernière heure, il fallut la combattre. « J'ai un caractère détestable, » disait-il souvent ; et il écrit à un de ses maîtres : « Je vous remercie de tous vos soins pour ne pas choquer mon caractère, trop irascible et trop emporté. » Ces fréquents aveux, fruit d'une humilité acquise par bien des efforts, ne semblaient plus lui coûter dans les derniers mois de sa vie, tant ils étaient souvent renouvelés. S'était-il oublié, la réparation humble et vaillante ne se faisait pas attendre. Un jour, par exemple, on fut surpris de le voir s'impatienter quelque peu contre le service du réfectoire. Son surveillant lui en témoigna sa peine. Contrairement à sa coutume, Alphonse, ce jour-là, prit assez mal l'observation ; mais, le soir même, son bon cœur lui dicta une lettre qui le peint tout entier :

« Mon Révérend Père,

« Les bonnes impulsions sont trop rares pour qu'on les néglige quand elles se présentent et qu'elles commandent ; aussi me fais-je un devoir de vous apporter mes excuses pour ma conduite de ce matin. Avec l'aide du temps et de la réflexion, j'ai compris ce que je n'avais pas vu tout d'abord. Je sais, en effet, que mes condisciples, qui m'ont placé à leur tête, malgré mon peu de mérite, attendent de moi de bons exemples, et que celui dont ils ont été témoins ce matin en est d'autant plus condamnable. Ce n'était, du reste, pas à moi de juger ce cas, et j'étais absolument hors de mon rôle. J'ai donc doublement tort aux yeux de tous ; mais je suis encore plus coupable envers vous, qui vous êtes toujours montré si bon et si plein d'affection ....
.........Acceptez mes sincères excuses,

mon Révérend Père, et rendez-moi une partie de l'estime et de l'affection que vous m'aviez, malgré mon indignité, accordées jusqu'ici. Mais surtout, veuillez m'avertir souvent, très souvent, et dès que vous aurez remarqué quelque réforme à faire en moi, je vous promets, de ma part, de vous seconder de mon mieux par ma docilité et ma bonne volonté à mieux faire.

« Votre élève dévoué,

« Alphonse PEYRET. »

Hâtons-nous de dire que le maître auquel il renouvela souvent cette demande de l'avertir de ses négligences, ne trouvait le plus souvent pas matière à ce service, et il était embarrassé pour le rendre. En effet, Alphonse avait déjà gagné un tel empire sur lui, que presque rien, à l'extérieur, ne trahissait ses luttes intimes. Au dedans, il y avait bien encore de vives et fréquentes révoltes, le volcan n'était pas éteint ; mais ces soulèvements, que dominait sans défaillance sa volonté énergique, n'avaient d'autre effet que de le rendre de plus en plus humble et d'accroître promptement ses mérites. Dieu ne voulait pas le rappeler au séjour de la paix sans lui laisser d'abord l'honneur d'une longue et rude campagne ; et sa Providence ne permettait cette lutte constante avec les tentations que pour lui fournir l'occasion de rehausser l'éclat de son prochain et éternel triomphe.

Si parfois, sous une impression de désolation, l'hésitation perçait un instant, il se redressait bien vite, comme le montrent ces mots écrits à un ami qu'il veut réconforter : « On se prend quelquefois à rêver : pourquoi ne pas jouir *bêtement* ? et puis, on verrait bien après. Je me dis cela souvent ; c'est alors qu'il faut savoir résister ; c'est dur, très dur, mais si on a le courage de se relever de suite, une bonne secousse suffit, et on est sauvé. »

Pour l'application au travail, plus de difficulté apparente, tant il avait pris l'habitude de la diligence. Ses devoirs arrivaient réguliers, bien faits, toujours précédés d'une suscription pieuse. L'invocation : *Cœurs miséricordieux de Jésus et de Marie, secourez-moi*, revenait presque toujours, accompagnée du nom de quelque Saint : *Saint Joseph, inspirez-moi ; Saint Thomas d'Aquin, inspirez-moi ; Saint Alphonse, éclairez-moi.*

Chose étrange ! on le surprenait souvent la tête dans les mains et les yeux voilés de larmes. Que signifiait cette émotion ? Etait-ce le poids de la lutte ? Etait-ce quelque forte pensée de la foi qui le touchait profondément ? Etait-ce le désir de la patrie céleste ? Etait-ce le pressentiment plus précis de sa fin prochaine ? Il y avait un peu de tout cela.

C'est sans doute dans un de ces moments qu'Alphonse composa la pièce suivante :

Je suis triste malgré les fleurs,
Malgré l'air pur et le zéphire ;
Plus je m'efforce de sourire,
Plus mes yeux se gonflent de pleurs.
Je n'irai plus dans la feuillée
Des oiseaux entendre les chants ;
Ni dans l'ombre de la vallée,
M'inspirer à leurs doux accents.
Bois que j'aime, adieu : vois, je tombe.
Adieu ! car demain tes rameaux
N'abriteront plus qu'une tombe,
Creusée au pied des vieux ormeaux.

Et vous, mère tendre et chérie,
Que je laisse triste ici-bas,
Priez pour qu'après le trépas
Mon âme entre au Ciel, ma patrie !

O parents tant aimés, séchez, séchez vos larmes,
De votre cœur blessé surmontez la douleur.
Votre enfant, libre enfin de troubles et d'alarmes,
D'un bonheur assuré savoure la douceur.
Sur la terre, il est vrai, mon front, mère chérie,
Ne reçoit plus, hélas, tes baisers pleins d'amour ;
Mais nos adieux sont-ils des adieux sans retour ?
Au Ciel on renaît à la vie !

Cette délicieuse poésie, si délicate, si

élevée comme pensées et comme sentiments, donne à la fois l'idée du talent d'Alphonse et la clef de ses tristesses passagères. Mais on aurait tort d'en conclure que la mélancolie fut chez lui habituelle, bien au contraire ; et si plus d'une fois, il dit à quelques intimes qu'il n'avait pas longtemps à vivre, ce fut sur un ton serein et joyeux, qui lui attirait les plaisanteries de ses compagnons incrédules et donnait ample matière à de piquantes conversations.

Hélas ! les pressentiments n'étaient que trop fondés, et quelques mois plus tard, on devait s'en souvenir avec amertume !

V. — SA VOCATION

Avant de suivre Alphonse dans sa maladie, étudions ici une de ses plus intimes préoccupations, celle de son avenir.

Si parfois se faisait entendre un certain avertissement anticipé d'une fin prochaine, plus habituellement sa jeune ardeur cherchait dans l'avenir quelle carrière pourrait satisfaire ses vives aspirations vers le bien, le beau et le grand. S'il ne devait point arriver à l'âge où l'on accomplit, Dieu qui ne voulait pas moins lui laisser le mérite des nobles ambitions, excita en lui les plus généreux désirs ; nous devons les rapporter ici, puisqu'ils sont au Ciel un des plus beaux ornements de sa couronne.

Alphonse attendait la retraite des Philosophes pour chercher et connaître distinctement la volonté de Dieu. De tous ses vœux il appelait cette sainte semaine, et s'efforçait d'établir son âme dans un état d'absolue soumission aux invitations de la grâce. Déjà bien malade, mais croyant encore à la guérison, il écrivait à un de ses maîtres : « Nous approchons de cette fameuse ret aite de Solaure [1]. Priez pour moi, car je suis très indécis ; il y a tant de carrières devant moi ! L'essentiel, c'est de bien savoir où Dieu me veut. »

Entre deux grandes pensées surtout, la question restait indécise : devait-il être soldat de la France et du Pape, ou devait-il choisir de militer avec les armes spirituelles dans la vie religieuse ou sacerdotale ? Evidemment, la première pensée prédomina dans les rêves de l'humaniste et du rhétoricien ; mais durant l'année de Philosophie, la seconde paraît avoir conquis beaucoup de terrain, et ce que nous allons dire permettra peu de douter du but que visaient alors les nobles aspirations d'Alphonse.

Pendant les vacances déjà, un de ses

[1] Solaure est le nom de la campagne du Collège Saint-Michel. C'est là que chaque année les Philosophes font leur retraite de fin d'études.

amis lui ayant offert un présent de quelque valeur pour le féliciter de son succès au baccalauréat, il le reçut avec un sourire significatif et lui dit : « Mon cher, tu m'aurais fait plus plaisir en donnant l'argent aux pauvres en mon nom ; vois-tu, je suis maintenant détaché de tout ; je n'ai que dégoût pour le luxe ; et la raison, ajouta-t-il après que son ami lui en eut marqué sa surprise, la vraie raison, c'est que je vois bien qu'il me faudra en venir à me faire Jésuite. » Il y avait dans son ton du désir (le bonheur qu'il avait remarqué et admiré chez ses maîtres lui semblait si enviable), et aussi de la crainte ; comment, en effet, s'arracher à ses parents tant aimés ? Cette pensée de la vie religieuse était sans doute la réponse de Saint Ignace à la confiance que ce jeune homme lui avait montrée lors de ses récents examens.

A quelque temps de là, Alphonse écrit :

« O Vierge Marie ! rendez-moi sage et pur ; faites-moi, s'il le faut, votre serviteur, si cela peut me sauver ; car, je le sens, *ailleurs* je me perdrais. Là, du moins, je pourrai triompher des tentations. »

On trouve dans un autre écrit : « J'ai promis de ne jamais donner mon cœur à la créature. » Ces mots ne font-ils pas penser à une promesse généreuse, à un vœu, peut-être ? Tout au moins, ils nous révèlent que cet enfant de Marie avait résolu en principe d'imiter la pureté des anges.

A mesure qu'il connaissait davantage le monde et ses dangers, ses rêves d'éclat et de gloire humaine tombaient l'un après l'autre. S'il y pensait encore, c'était en y mettant des conditions irréalisables : « S'il faut croupir dans une garnison, écrit-il, j'aime mieux lâcher tout et laisser là l'épée et la caserne. » Et ailleurs : « Parvenir jeune encore à un haut grade par un coup d'éclat, jouir du succès ; trouver la joie au milieu de vrais amis, et n'être pas entouré de flatteurs ; avoir partout librement la vie chrétienne et les sacrements ! » — « D'ailleurs, dit-il encore dans une conversation intime, il entrevoit mille impossibilités d'opérer son salut avec ses passions vives et son humeur orgueilleuse. Or, il est décidé à faire son salut à tout prix. » La conclusion ne fut pas exprimée formellement ce jour-là, mais ce que son ton et ses paroles laissaient deviner, c'est qu'il devait embrasser une règle forte, qui laisserait libre carrière à toutes ses riches qualités, en mettant un frein efficace aux mauvaises tendances.

Moins réservé avec un autre condisciple en qui Dieu avait mis des pensées conformes aux siennes, il lui dit plusieurs fois formellement : « J'irai au Noviciat. »

Rien qu'à voir son attention quand on

parlait devant lui des personnes et des choses de la Compagnie de Jésus, on aurait pu deviner qu'il y était attaché déjà comme à sa future famille ; ses questions sur le Noviciat, sur les études, sur les règles de la Société le prouvaient assez ; il l'aimait, non en élève, mais en fils.

Dieu répondait à ses désirs en développant de plus en plus en lui l'esprit apostolique, qui est l'esprit propre des enfants de Saint Ignace. Nous l'avons vu apôtre de la communion, apôtre du culte de Marie, apôtre de la cause du Pape ; de bien d'autres façons encore, il fut apôtre.

Un jeu plein d'entrain favorise considérablement le bon esprit dans un Collège ; on proposa à Alphonse l'apostolat du jeu. Il le comprit et le pratiqua activement ; bien souvent, quoique fatigué déjà, il jouait par vertu. On le vit, par exemple, lui qui détestait cordialement le jeu du *ballon anglais*, le réclamer instamment et s'y adonner avec ardeur, lorsqu'il fut proposé par le Surveillant.

Selon l'usage en vigueur à Saint-Michel, quelques élèves de la première division font le catéchisme à des enfants pauvres ; avec quel zèle il embrassa cet autre genre d'apostolat !

Un jour, une mesure, fermement maintenue par Alphonse, priva de son bon de pain un des enfants, arrivé en retard.

Quand les autres sortirent, le jeune catéchiste retint son élève, lui fit quelques reproches, puis une larme coulant des yeux du petit retardataire, il tira sa bourse et lui donna une pièce de monnaie, disant à un condisciple présent : « Je ne puis voir la misère de ce pauvre petit sans pleurer ! »

Hélas ! au jour de la première communion de ses protégés, il n'était déjà plus là ; mais le R. P. Recteur ne manqua pas d'évoquer devant ceux-ci le souvenir de leur principal bienfaiteur.

Son amour pour les pauvres fut encore bien sensible dans les quêtes faites par lui chaque dimanche en qualité de Préfet ; dans la visite traditionnelle aux vieillards des Petites Sœurs des Pauvres, où il ne s'épargna pas pour les égayer ; et dans son entrain pour organiser la loterie annuelle. Sa générosité ne comprenait plus une vie égoïste : « Je vivrai, écrit-il, du bonheur des autres. » Son cœur, épris de dévouement, ambitionnait une vie toute de sacrifice.

Dans la lutte que se livraient en lui l'amour de la gloire et celui de l'apostolat, l'apostolat l'eût certainement emporté. Nous avons lieu de croire qu'il eût choisi l'apostolat le plus fécond, l'apostolat dans la chasteté, l'obéissance et la pauvreté, en compagnie de ce Jésus dont il faisait sa nourriture, et auquel il devenait de plus en plus semblable.

VI

LA MALADIE. — LA MORT

Cependant la maladie mortelle qui devait le ravir à l'affection de tous approchait à grands pas. Alphonse, grand et fort, passait pour avoir une santé de fer. « J'ignore ce que c'est qu'un mal d'estomac, » disait-il en riant.

Durant l'hiver de 1886-87, il prit un rhume et ne le soigna pas. Un noble dédain lui faisait mépriser les soins délicats du corps et les précautions minutieuses. Cette disposition, qui marquait chez lui une certaine grandeur d'âme, était peut-être exagérée et l'exposait aux imprudences.

Vers la fin de février, revenant d'un congé de patins, après avoir bu un verre de vin chaud et deux grands verres d'eau froide, il éprouva aussitôt une douleur aux poumons, mais sans en tenir compte ; le fait ne fut raconté par lui que trois mois plus tard.

Le rhume persistait ; parents et maîtres insistèrent pour lui faire avouer ses souffrances ; on ne put le décider à se rendre à l'infirmerie, ni à consulter le médecin. Il ne se croyait pas ou ne voulait pas se croire assez malade pour être soigné, et craignait surtout d'être condamné à perdre un peu de ce temps dont il appréciait tout le prix. « Ce n'est rien, répétait-il, mon rhume passera de lui-même avec le printemps. » Son indomptable énergie le maintint jusqu'à la Semaine Sainte, actif, appliqué, vivant de la vie commune sans aucune dispense ; veillant presque tous les soirs pour ses catéchismes aux enfants pauvres et pour ses chères études ; prompt à se lever au premier coup de cloche ;

remplissant, en un mot, toutes les fonctions de ses charges et dignités.

Le Jeudi Saint, il guida sa division dans la visite aux reposoirs de la ville. Le Vendredi Saint, on fut un peu étonné de le voir déjeuner presque seul, lui qui, bien des fois encore pendant ce Carême, s'était obstiné à laisser ce léger repas.

Le soir fut marqué par un entretien long et cordial avec un de ses maîtres ; causerie où les distances parurent s'effacer pour ne laisser plus entre eux que l'égalité de l'amitié.

L'après-midi du Samedi Saint, rien ne put le dissuader de prendre part à la grande promenade traditionnelle. Arrivé à Saint-Victor, sur les bords de la Loire, il s'assit tout à coup, impuissant à respirer. Il y eut un moment de vive inquiétude, il étouffait. On le ramena en voiture, et après avoir remercié affectueusement le Père qui l'avait soigné, il se coucha chaudement. Le lendemain, à cinq heures et demie, il était debout avec tous les autres élèves.

Pourquoi ce généreux effort à se priver d'un repos qui lui était si nécessaire ? C'était pour ne pas manquer la Sainte Communion le beau jour de Pâques.

Tout ce jour et le lendemain, si grand fut son courage, que personne ne put croire à l'accident de la veille comme à un grave symptôme. Pourtant, le coup était porté, et le médecin qui l'ausculta peu après, reconnut l'existence d'un point pleurétique déjà ancien et fort dangereux. Plusieurs vésicatoires, appliqués successivement, ne purent arrêter la fièvre qui s'était peu après déclarée, et n'amenèrent point la réaction désirée ; le mal avait peu à peu épuisé la riche constitution d'Alphonse. En tenant si longtemps cachées ses souffrances, il avait déployé un courage extraordinaire, mais, hélas ! bien funeste. Bientôt l'estomac se refusa à toute nourriture, et en quelques semaines il fut réduit à une extrême faiblesse. On en vint à lui appliquer des pointes de feu dans le dos ; elles ne purent que retarder le fatal dénouement.

Cependant, quelles étaient ses pensées durant la maladie ? Sa vieille affection pour ses maîtres, pour son Collège et ses condisciples, pour ses parents, pour la Sainte Vierge et l'Eucharistie, remplissait son cœur et consolait toutes ses journées. Du Collège on le visitait souvent ; c'était plaisir alors de l'entendre trouver sur son lit de douleur la force de faire à tous un accueil aimable. Annonçait-on le R. P. Recteur ou son Père spirituel, alors surtout son visage s'épanouissait ; il remerciait des prières faites pour lui ; se renseignait avidement sur la marche des études auxquelles il espérait pouvoir se remettre bientôt ; s'informait des condisciples de sa division et de la Congrégation, des promotions nouvelles aux décorations de la Milice, etc.

Un jour, le R. P. Recteur apporta au jeune commandeur de la Croix de Saint-Pierre, la décoration et le titre supérieur de chevalier de l'Ordre de la *Tiare.* Quelle ne fut pas sa reconnaissance, en recevant cette nouvelle marque de l'estime de ses maîtres et la bénédiction du Pape qui y est attachée ! Il retrouva assez de force pour se montrer joyeux, et les larmes de ses parents émus se mêlèrent aux siennes.

Le malade, encouragé, continua avec une nouvelle ferveur sa sainte pratique d'offrir pour le Souverain Pontife des heures de silence, des heures de patience, et sa généreuse mère l'aidait à formuler ces pieuses offrandes.

Puisque nous avons nommé sa mère, nous voulons dire ici comment ce fils affectueux l'aimait. Combien de fois il le lui a répété ! Quelle confiance entière en elle ! Pudeur ou tendresse extrême, il ne voulut recevoir de services que de la main de sa mère. Dans ses adieux à la vie cités plus haut, on a vu que sa plus grande douleur était de songer à celle de sa mère. Et son père, combien le cher enfant souffrait de le voir pleurer ! Aussi, jusqu'à sa dernière heure, son exquise affection s'ingénia à conserver de l'espoir à ses parents ; parlant, afin de leur donner le change, de son retour au Collège, à la campagne de Veauche, comme d'une chose prochaine et certaine, lorsque lui-même n'y croyait plus. Ses paroles à un de ses cousins le montrent assez ; maintes fois, seul avec lui, il lui disait : « Jean, je ne m'en relèverai pas, j'en suis sûr ; mais n'en dis rien à mon père et à ma mère. » Admirable échange de délicatesse ! Les parents, trop éclairés sur le danger, ne laissaient rien voir à leur enfant de leurs angoisses pour ne pas l'alarmer ; et leur fils, plus assuré encore de sa fin, n'exprimait aucune crainte pour ne point ravir l'espérance à ceux qu'il aimait le plus sur la terre.

Durant toute sa maladie, la piété d'Alphonse ne se démentit pas un instant ; il s'unit jour par jour à la retraite que suivaient à Solaure ses condisciples de Philosophie. Pendant tout le mois de mai, il voulut faire lui-même une lecture et quelques prières en l'honneur de Marie.

Lorsque les remèdes lui paraissaient trop amers, un peu d'eau de Lourdes les lui faisait accepter ; il en demandait lui-même avec de l'eau de Saint Ignace, se servant d'une expression charmante : « Cette eau ne fait jamais mal » ; s'il était agité, cette potion le calmait. Souvent aussi, il se faisait apporter une image de Marie et la baisait tendrement.

Une de ses nièces fit sa première communion pendant le mois de mai ; ce jour-là, à force d'instances, Alphonse obtint de sortir en voiture de la maison pour aller à l'église paroissiale. Ainsi, sa dernière visite aux autels fut pour honorer encore une fois le Dieu de l'Eucharistie se donnant aux enfants.

Dans cette journée, la foi du pieux malade aux effets de la Sainte Eucharistie se raviva, et lui inspira le désir d'une neuvaine de communions, de laquelle il espérait sa guérison. Le Saint Viatique lui fut apporté une première fois. Ce jour-là, raconte le R. P. Recteur, j'entrai en lui disant : « Grande visite aujourd'hui, n'est-ce pas, Alphonse ? » A ce souvenir, sa figure, souffrante et abattue, s'épanouit, son regard devint brillant, et avec une ineffable expression, il répondit : « Oh ! oui, mon Père. »

C'était le 29 mai, jour de la Pentecôte.

Depuis lors, chaque fois que son Père spirituel le venait voir, sa première parole était pour lui demander : « Pourrai-je communier demain matin ? » En face d'un désir si constamment exprimé, on crut devoir demander à l'archevêché des permissions plus larges. Elles furent accordées à ce pieux malade, qui ayant commencé l'année scolaire par une neuvaine de communions, voulait la terminer par une autre neuvaine semblable. Alphonse put donc quatre fois encore recevoir son Dieu, dont la pensée occupait toutes ses journées et calmait toutes ses souffrances.

L'Extrême-Onction lui fut administrée le 6 juin. De peur de l'effrayer, on ne l'avait prévenu qu'au dernier moment. Il s'en plaignit, il eût voulu se préparer mieux.

Dans l'après-midi, bien que très accablé, il reçut le R. P. Recteur avec un sourire, lui tendit la main et l'attira vers lui, comme pour donner à lui, et à tous en sa personne, le baiser d'adieu.

Cependant, la Très Sainte Vierge réservait une bien grande consolation à son congréganiste dévoué. Sur la proposition d'un de ses maîtres, Alphonse récitait chaque jour avec dévotion la belle prière de Sainte Gertrude : *Je vous salue, lis éclatant de blancheur*, etc. La Sainte Vierge a promis à Sainte Gertrude qu'elle secourrait dans leur maladie et viendrait en personne assister à leur mort ceux qui auraient dit fidèlement cette touchante prière.

Or, deux jours avant sa mort, Alphonse, dans un calme parfait, dit à celle qui veillait près de lui : « Mère, prépare-toi, viens avec moi, il faut partir. » — « Où donc, mon enfant ? » — « Mais, j'ai vu la Sainte Vierge, elle vient me chercher. » Peu après, il reprit : « Eh bien ! mère, tu n'es pas prête ? Tout à coup, ses yeux se fixèrent ; il étendit ses bras dans la direction de son regard en s'écriant : « O Marie, ô ma Mère, secourez-moi ! » Que se passait-il en ce moment ? Quel beau spectacle s'offrait à sa vue ? Nous le saurons au Ciel ; mais la piété et l'innocence d'Alphonse nous sont assez connues pour que nous nous plaisions à croire pieusement que, dans cet instant suprême, Marie voulut elle-même encourager son enfant.

Le malade se savait condamné et attendait sans trouble l'heure de Dieu. La fièvre était violente, la faiblesse extrême. Jusqu'à la fin son bon cœur lui dictait des paroles d'amitié à son père, à sa courageuse mère, à ses autres parents ; puis il redisait les noms de ses maîtres, de ses condisciples, ou réclamait la Sainte Communion et récitait quelques prières.

La dernière nuit, celle du 12 au 13 juin, se passa ainsi. A un certain moment, il se tourna vers sa mère en disant : « Tu les remercieras bien, tu les remercieras tous, n'est-ce pas, maman ? — Et qui donc, mon enfant ? — Ceux du Collège, tous ceux de Saint-Michel. » Ce mot de reconnaissance fut le dernier intelligible ; à quatre heures, il s'endormait doucement dans le Seigneur, sans qu'on pût distinguer le moment précis de son dernier soupir. Il mourait dans l'octave du Saint-Sacrement qu'il avait tant aimé, à trois jours seulement de la grande fête du Sacré-Cœur, et au début de la neuvaine de Saint Louis de Gonzague, dont il a célébré la fête au Ciel, nous en avons la douce confiance.

Le douloureux événement était prévu au Collège, où l'on avait redoublé de prières ; néanmoins, on n'avait pas encore renoncé à tout espoir ; aussi les cœurs furent-ils profondément émus, lorsque maîtres et élèves apprirent de la bouche du R. P. Recteur la mort d'Alphonse. Bien des larmes coulèrent pendant les deux dizaines de chapelet qui furent immédiatement récitées à son intention ; et en récréation un morne silence remplaça la gaîté habituelle.

Dans le milieu du jour, les élèves des hautes classes rendirent une dernière visite à la dépouille mortelle de leur condisciple. « Il était là, dit un des visiteurs, aimable et souriant ; ses traits, quoique amaigris, n'étaient point changés ; on l'aurait cru endormi et occupé, dans son rêve, de quelque douce, mais profonde pensée. Je ne sais quel avancement des pieds et des bras semblait indiquer un mouvement commencé pour se soulever et reconnaître ses amis. Il tenait entre ses mains son chapelet ; sur sa grande tenue de collégien se détachaient sa croix de chevalier de la *Tiare* et sa médaille de Congréganiste. Ainsi muni de ses insignes d'enfant de

Marie et de soldat du Pape, il me parut prêt à paraître devant son Juge, quand le grand jour du jugement terminera son sommeil. »

Autour du lit funèbre, les membres de la famille pleuraient, mais tous répétaient cette consolante parole : « Il est mort bien jeune, mais sa mort a été si belle ! »

Les funérailles furent magnifiques ; le cercueil disparaissait sous les roses blanches, double symbole de la pureté et de la charité de ce jeune chrétien de 18 ans ; venaient ensuite sept couronnes avec des inscriptions ; puis, les condisciples d'Alphonse, les Congréganistes avec leurs insignes ; enfin, un immense cortège de parents et d'amis.

Le lundi 20 juin, un service solennel fut célébré dans la chapelle du Collège. Il convenait qu'on fît pour lui les prières funèbres dans le lieu où tant de fois il avait adoré et reçu son Dieu. Sur le catafalque reposaient son diplôme et sa médaille de Congréganiste, ses décorations et la bannière de la Milice du Pape voilée d'un crêpe. Au-dessus, une multitude de lumières faisaient penser à ce beau Ciel où vit l'âme des élus ; tout autour, les fleurs rappelaient la terre où leur corps attend la résurrection.

Avant l'absoute, le R. P. Recteur retraça à grands traits les beaux exemples d'Alphonse Peyret ; il le montra heureux dans la vie, heureux dans la mort, heureux dans l'éternité, parce qu'il sut haïr ce que Dieu hait et aimer ce qu'il aime. Parce qu'il sut haïr la sensualité et l'égoïsme ; aimer les petits, les pauvres, ses condisciples, ses maîtres, l'auguste Vierge Marie, Jésus-Christ et son représentant sur la terre : la Sainte Eucharistie, qui après l'avoir uni intimement à son Dieu sur la terre, l'a introduit dans les délices de la communion éternelle.

Ce beau discours fit verser bien des larmes ; le reproduire en le détachant de l'accent profondément ému et de l'attitude pénétrée de l'orateur, ce serait lui enlever son plus touchant caractère. Nous voulons pourtant citer ici l'éloquent passage concernant la dévotion d'Alphonse pour le Souverain Pontife :

« Il a aimé le Saint-Père. Ecoutez-le disant à un ami dans un de ces entretiens intimes où il montrait tout son cœur : « Si un jour je ne suis pas Jésuite, je serai « soldat ; et alors, après avoir illustré « mon épée en luttant pour la France, « j'irai la porter aux pieds du Saint-Père ; « je lui demanderai d'être son soldat, de « mourir pour sa cause. »

« Oh ! noble jeune homme, laissez-nous, puisque vous l'avez voulu, vous saluer du nom sacré de martyr ! Et vous, saint étendard, qui semblez, vous aussi, le pleurer aujourd'hui, dites-nous si en vous pressant sur son cœur, en vous serrant dans ses vaillantes mains, il ne demandait pas à son Dieu de mourir à l'ombre de vos plis, de tomber en vous portant, pour la cause dont vous êtes le symbole ! »

A. M. D. G.

Imp. Forestier, r. de la Bourse, 2, St-Etienne

www.ingramcontent.com/pod-product-compliance
Ingram Content Group UK Ltd.
Pitfield, Milton Keynes, MK11 3LW, UK
UKHW020348180726
13839UKWH00002B/982